L'autobus magique

explore les cinq sens

V

OIR

ENTENDRE

SENTIR GOÛTER

TOUCHER

L'autobus magique
explore les cinq sens

Texte de Joanna Cole
Illustrations de Bruce Degen

Texte français de Lucie Duchesne

Les éditions Scholastic

Nous tenons à remercier Bruce Rideout, Ph. D., professeur de neuroscience comportementale au Ursinus College,
qui a révisé le texte et les illustrations. L'attention soigneuse qu'il a portée aux détails nous a énormément aidés.
Nous remercions aussi David A. Stevens, Ph. D., le Dr Matthew D. Paul, le vétérinaire Brian J. Silverlieb,
Lorraine Hopping Egan, Karen Pierce et, comme toujours, Stephanie Calmenson.

Données de catalogage avant publication (Canada)

Cole, Joanna
   L'autobus magique explore les cinq sens

Traduction de : The magic school bus explores the senses.
ISBN 0-439-98540-4

1. Sens et sensations – Ouvrages pour la jeunesse. I. Degen, Bruce.
II. Duchesne, Lucie. III. Titre.

QP434.C6414 2000   j612.8   C00-930986-1

Édition publiée par Les éditions Scholastic, 175 Hillmount Road, Markham (Ontario) L6C 1Z7.

4 3 2 1   Imprimé au Canada   00 01 02 03 04

Quelle est ta raquette?
STP EMPRUNTES-EN UNE.
— M. B.

Fleurs d'oranger

M. B.
Meilleur
moniteur

SANS NOS SENS,
NOUS SERIONS PERDUS
par Carlos

Si une personne ne pouvait pas voir, entendre, toucher, goûter ni sentir, elle ne pourrait rien connaître du monde extérieur.

Notre classe étudiait les sens, ceux qui permettent aux humains et aux animaux de savoir ce qui se passe autour d'eux. On préparait des expériences et rédigeait des rapports. On avait même appris une chanson sur les sens, que nous allions chanter à la rencontre parents-enseignant. La veille de la rencontre, nous avons répéter notre chanson vingt fois.

J'entends la cloche de l'école sonner,
Je vois le soleil briller,
Je caresse la douce fourrure d'un chaton,
Et voilà : cette chanson...

Parle de ce que nous sentons!

VOIR

TOUCHER

SENTIR

ENTENDRE

GOÛTER

Tout aurait été plus facile si nous avions un professeur ordinaire. Mais non : nous sommes dans la classe de Mme Friselis. Juste en regardant sa robe, nous oublions la mélodie. Et ses chaussures nous font oublier les paroles. Et sa personnalité bizarre nous fait oublier presque tout le reste!

Les enfants, le spectacle est pour demain.

Je goûte la cloche de l'école...

Je sens le soleil briller...

J'ai l'impression que nous ne serons pas prêts...

Ma senteur préférée, de Pascale

TOUS LES ANIMAUX ONT BESOIN DE LEURS SENS
par Jérôme

Sans les sens, un animal ne pourrait pas trouver de la nourriture ni fuir le danger.

Je te vois! Je t'entends! Je te sens!

Je te vois, je t'entends et je te sens, moi aussi!

MÊME LES PLUS PETITS ANIMAUX ONT DES SENS
par Kisha

Les animaux unicellulaires ont des sens simples. Ils peuvent savoir quand leur environnement est trop chaud, trop froid ou empoisonné.
Ils s'éloignent alors dans une autre direction!

Je suis peut-être microscopique, mais je suis sensible!

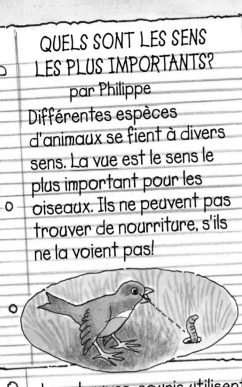

La journée terminée, nous allons jouer dehors.

Quelques instants après, Mme Friselis sort et part dans sa voiture. Au même moment, M. Basile, notre nouveau directeur adjoint, nous dit :

— À ce soir pour la rencontre.

— Ce soir? nous écrions-nous. Mme Friselis pense que c'est demain!

— Je dois l'avertir, dit M. Basile.

Mais c'est trop tard. Frisette est déjà partie.

M. Basile est très gentil, mais je ne pense pas qu'il puisse conduire cet autobus...

Il a l'air d'un monsieur bien tranquille.

Il a besoin de notre aide!

C'est parti!

— Je dois rattraper Mme Friselis, dit M. Basile. À notre grande surprise, il s'installe derrière le volant. Croyez-nous, nous connaissons bien cet autobus. Il ne faut pas que M. Basile le conduise, du moins pas tout seul! Après tout, il n'est qu'un directeur adjoint : il n'est pas une Frisette! Nous montons tous à bord.

NOS PRINCIPAUX SENS
par Catherine

La vue et l'ouïe sont les deux sens les plus importants pour les humains.

ARRÊTE! REGARDE! ÉCOUTE!

Revenez, Mme Friselis!

École primaire

ARRÊT

BRIGADIER

Frisette

Lorsque Mme Friselis accélère, des feuilles de papier s'envolent de sa voiture. Ce sont ses notes de cours sur les sens. Elles entrent par les fenêtres de notre autobus, et nous essayons de les récupérer. M. Basile sort prudemment du parc de stationnement. Quelques voitures nous séparent de Frisette. Nous allons la rattraper en un rien de temps.

Puis M. Basile aperçoit un petit bouton vert sur le tableau de bord.

— Vert, ça veut dire avancer, marmonne-t-il.

— N'Y TOUCHEZ PAS! crions-nous.

Mais c'est trop tard. M. Basile a appuyé sur le bouton. Il n'a jamais voyagé dans un autobus de ce genre avant. Mais nous, oui, et souvent. Nous savons que quelque chose d'incroyable va se produire... En effet, l'autobus commence à rapetisser.

CRIC-CRAC

CROC

POUET

KLONK

BING

BANG

BONG

Mais j'ai seulement touché à un petit bouton!

Petit, c'est bien vrai!

QU'EST-CE QUI FAIT BOUGER TES YEUX?
par Florence

Il y a six muscles fixés à tes globes oculaires.

Ils font bouger tes yeux dans diverses directions.

En haut   En bas   De gauche à droite

Les hiboux ne peuvent pas faire bouger leurs yeux. Ils doivent donc tourner la tête pour regarder autour d'eux.

11

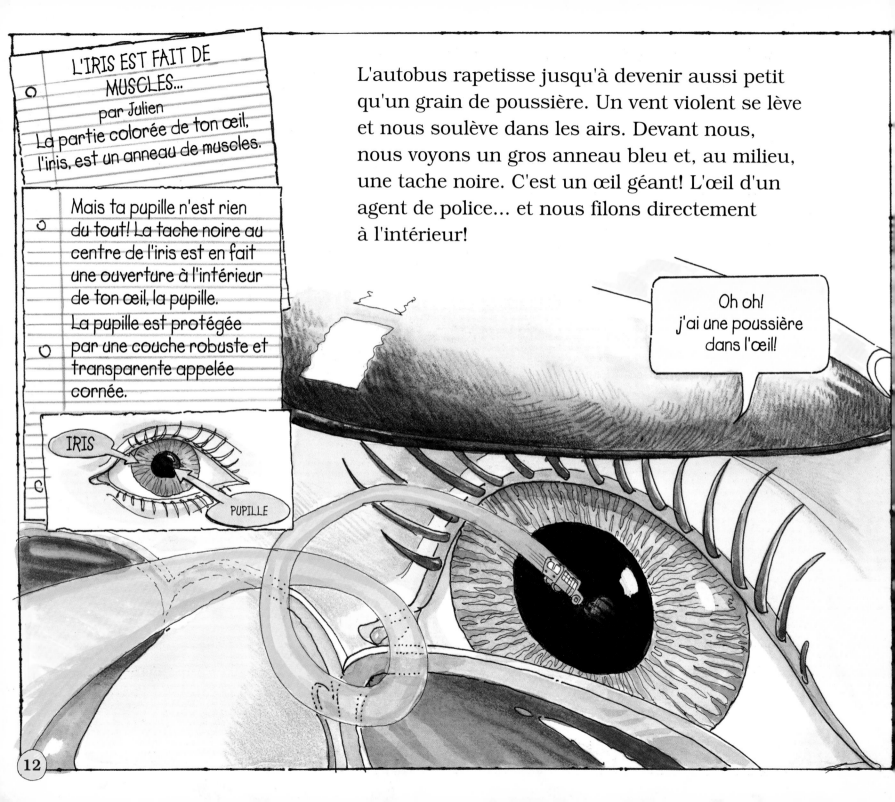

L'IRIS EST FAIT DE MUSCLES...
par Julien
La partie colorée de ton œil, l'iris, est un anneau de muscles.

Mais ta pupille n'est rien du tout! La tache noire au centre de l'iris est en fait une ouverture à l'intérieur de ton œil, la pupille.
La pupille est protégée par une couche robuste et transparente appelée cornée.

IRIS

PUPILLE

L'autobus rapetisse jusqu'à devenir aussi petit qu'un grain de poussière. Un vent violent se lève et nous soulève dans les airs. Devant nous, nous voyons un gros anneau bleu et, au milieu, une tache noire. C'est un œil géant! L'œil d'un agent de police... et nous filons directement à l'intérieur!

Oh oh! j'ai une poussière dans l'œil!

Avant que l'agent puisse nous faire sortir de son œil, M. Basile aperçoit un levier aux couleurs de l'arc-en-ciel.

— N'Y TOUCHEZ PAS! crions-nous.

Mais il ne peut pas résister. Il actionne le levier, et l'autobus se glisse doucement à travers la cornée, la couche transparente qui protège l'iris et la pupille. Derrière la cornée, nous traversons une mer de liquide transparent... l'iris bleu... et la pupille.

— Je ne savais pas que c'était aussi amusant de conduire un autobus! dit M. Basile.

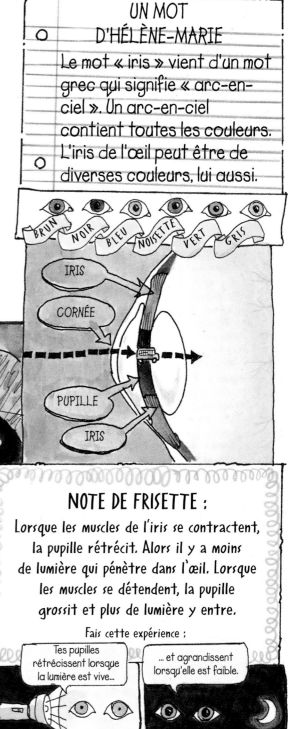

UN MOT D'HÉLÈNE-MARIE

Le mot « iris » vient d'un mot grec qui signifie « arc-en-ciel ». Un arc-en-ciel contient toutes les couleurs. L'iris de l'œil peut être de diverses couleurs, lui aussi.

BRUN NOIR BLEU NOISETTE VERT GRIS

IRIS
CORNÉE
PUPILLE
IRIS

NOTE DE FRISETTE :

Lorsque les muscles de l'iris se contractent, la pupille rétrécit. Alors il y a moins de lumière qui pénètre dans l'œil. Lorsque les muscles se détendent, la pupille grossit et plus de lumière y entre.

Fais cette expérience :

Tes pupilles rétrécissent lorsque la lumière est vive...

... et agrandissent lorsqu'elle est faible.

— J'entre dans un œil? Je n'arrive pas à y croire, Pascale!

— Dans mon ancienne école, les surveillants nous avaient à l'œil.

Mes élèves sont à l'intérieur d'un œil.

Il faut y voir!

Lulu
et son eau de source fraîche et pure

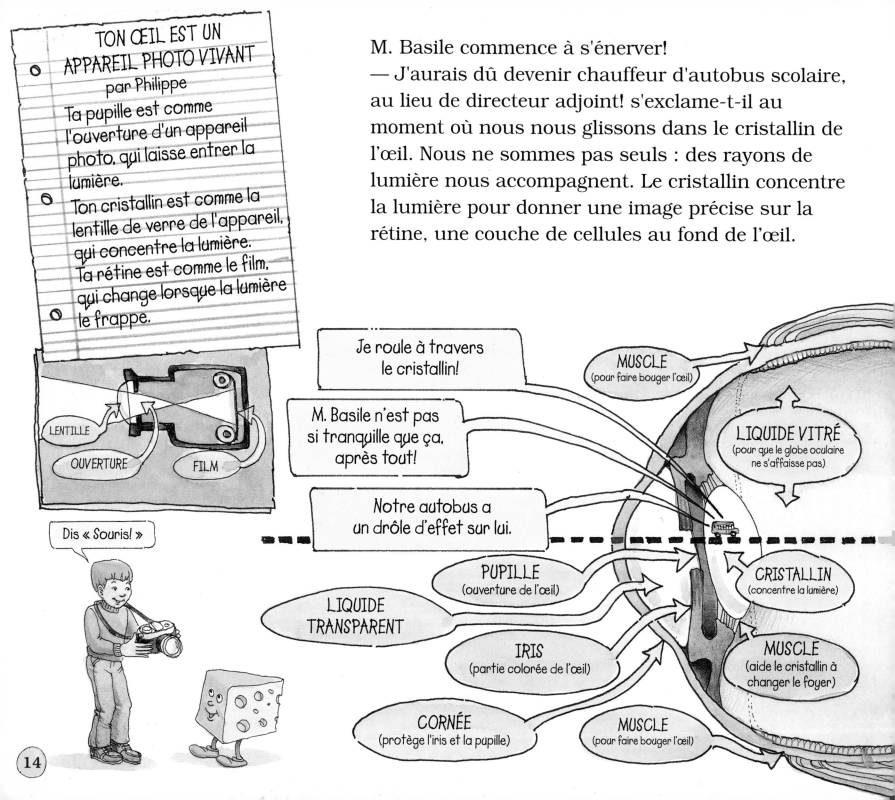

TON ŒIL EST UN APPAREIL PHOTO VIVANT
par Philippe

Ta pupille est comme l'ouverture d'un appareil photo, qui laisse entrer la lumière.

Ton cristallin est comme la lentille de verre de l'appareil, qui concentre la lumière.

Ta rétine est comme le film, qui change lorsque la lumière le frappe.

M. Basile commence à s'énerver!
— J'aurais dû devenir chauffeur d'autobus scolaire, au lieu de directeur adjoint! s'exclame-t-il au moment où nous nous glissons dans le cristallin de l'œil. Nous ne sommes pas seuls : des rayons de lumière nous accompagnent. Le cristallin concentre la lumière pour donner une image précise sur la rétine, une couche de cellules au fond de l'œil.

LENTILLE

OUVERTURE

FILM

Dis « Souris! »

Je roule à travers le cristallin!

M. Basile n'est pas si tranquille que ça, après tout!

Notre autobus a un drôle d'effet sur lui.

MUSCLE
(pour faire bouger l'œil)

LIQUIDE VITRÉ
(pour que le globe oculaire ne s'affaisse pas)

PUPILLE
(ouverture de l'œil)

CRISTALLIN
(concentre la lumière)

LIQUIDE TRANSPARENT

IRIS
(partie colorée de l'œil)

MUSCLE
(aide le cristallin à changer le foyer)

CORNÉE
(protège l'iris et la pupille)

MUSCLE
(pour faire bouger l'œil)

14

— Allons à la rétine, dit M. Basile, en pesant sur l'accélérateur.

Rien ne peut plus l'arrêter!

Les notes de Frisette expliquent que la rétine est faite de cellules spéciales appelées « bâtonnets » et « cônes ». Ces cellules modifient la lumière qui les frappe. Les signaux lumineux deviennent des signaux nerveux qui sont transmis au cerveau.

— C'est comme lorsqu'on traduit d'une langue à une autre, dit Thomas. Les bâtonnets et les cônes traduisent la « langue lumineuse » en « langue nerveuse ».

LES BÂTONNETS ET LES CÔNES : QUELLE EST LA DIFFÉRENCE?
par Raphaël

Pour bien voir, nous avons besoin des bâtonnets et des cônes. Les cônes nous permettent de voir clairement et en couleur. Ils sont au meilleur de leur forme lorsque la lumière est vive. Quand nous utilisons les bâtonnets, notre vision est brouillée et nous ne pouvons pas discerner les couleurs. Mais nous avons besoin des bâtonnets lorsque la lumière est faible.

Les cônes sont parfaits pour la vision de jour.

Les bâtonnets servent le soir.

DIMENSION RÉELLE
La rétine n'est pas plus épaisse qu'une page de ce livre!

ECOLE L'ETOILE DE L'EST
6220 PROM. BEAUSEJOUR
ORLEANS, ON.
K1C 8C4 (837-8145)

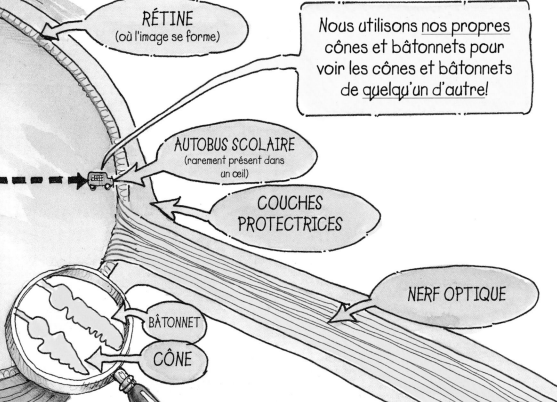

RÉTINE
(où l'image se forme)

Nous utilisons nos propres cônes et bâtonnets pour voir les cônes et bâtonnets de quelqu'un d'autre!

AUTOBUS SCOLAIRE
(rarement présent dans un œil)

COUCHES PROTECTRICES

NERF OPTIQUE

BÂTONNET

CÔNE

M. Basile ne pense plus du tout à avertir Frisette que la rencontre est pour ce soir. Il veut seulement conduire l'autobus. Et nous, nous voulons seulement retrouver Mme Friselis. Kisha consulte les notes de Frisette pour savoir où nous nous trouvons.

— Regardez! Une carte de la rétine! s'écrie-t-elle. La tache au centre de la rétine est la « fovéa ». C'est la partie de l'œil qu'on utilise lorsqu'on fixe quelque chose.

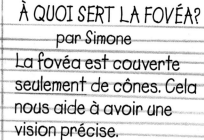

À QUOI SERT LA FOVÉA?
par Simone

La fovéa est couverte seulement de cônes. Cela nous aide à avoir une vision précise.

LA FOVÉA EN PLEINE ACTION

Fais cette expérience :
Regarde une personne qui lit. Est-ce que ses yeux se promènent de gauche à droite? Pourquoi?

Ses yeux bougent pour que la fovéa reste dirigée vers les mots qu'elle lit.

— Qu'est-ce que c'est, cette tache ronde sur la rétine? demandons-nous.

— C'est la tache aveugle, répond Kisha. On ne peut rien voir à cet endroit précis. C'est là que tous les nerfs de l'œil se rencontrent. Ils forment un faisceau appelé « nerf optique » qui va de l'œil au cerveau.

M. Basile sourit lorsque l'autobus s'engage dans le nerf optique.

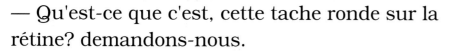

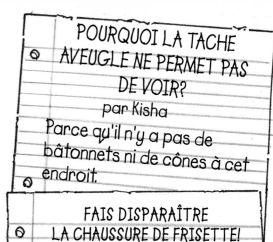

POURQUOI LA TACHE AVEUGLE NE PERMET PAS DE VOIR?
par Kisha

Parce qu'il n'y a pas de bâtonnets ni de cônes à cet endroit.

FAIS DISPARAÎTRE LA CHAUSSURE DE FRISETTE!

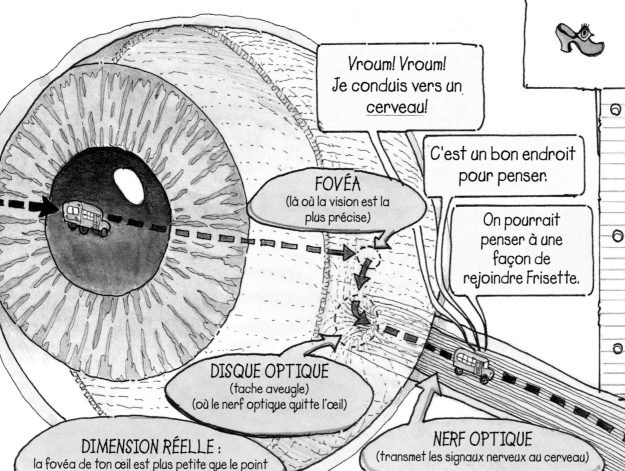

Vroum! Vroum! Je conduis vers un cerveau!

C'est un bon endroit pour penser.

On pourrait penser à une façon de rejoindre Frisette.

FOVÉA
(là où la vision est la plus précise)

DISQUE OPTIQUE
(tache aveugle)
(où le nerf optique quitte l'œil)

DIMENSION RÉELLE :
la fovéa de ton œil est plus petite que le point à la fin de cette phrase.

NERF OPTIQUE
(transmet les signaux nerveux au cerveau)

Comment procéder :
- Tiens ce livre au bout de tes bras en face de ton visage;
- Couvre ton œil droit;
- Avec ton œil gauche, regarde le **X**;
- Rapproche lentement le livre de ton visage, puis éloigne-le de nouveau;
- Lorsque la chaussure disparaît, arrête;
- L'image de la chaussure est en plein sur ta tache aveugle.

17

LE CERVEAU NE SERT PAS SEULEMENT À PENSER
par Pascale

Une mince couche ridée couvre ton cerveau comme l'écorce d'un melon. C'est le cortex cérébral.

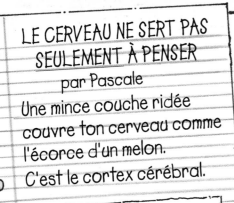

CORTEX

Cerveau coupé en deux

Différentes parties du cortex te permettent de penser, de parler, de te souvenir, de bouger, de voir, d'entendre, de goûter, de sentir et de toucher.

DIMENSION RÉELLE
Le cortex n'est pas plus épais que la couverture d'un livre rigide. Si on l'étendait à plat, il serait de la dimension d'une petite nappe.

Nous roulons sur la surface du cerveau, le cortex cérébral.
— Il faut retrouver Frisette, dit Raphaël. Cherchons la partie du cortex qui reçoit les messages des yeux.
Nous descendons tous de l'autobus et nous commençons à chercher. Catherine nous appelle. Elle est derrière le cerveau.
— J'ai trouvé!
Nous courons la rejoindre au centre de la vision du cerveau. Et nous voyons ce que l'agent de police voit!

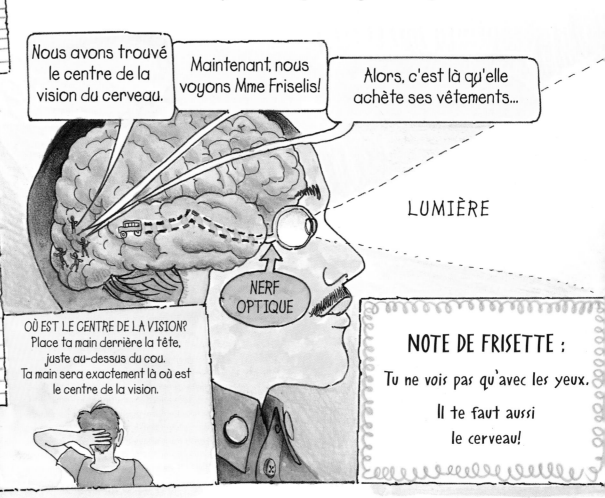

Nous avons trouvé le centre de la vision du cerveau.

Maintenant, nous voyons Mme Friselis!

Alors, c'est là qu'elle achète ses vêtements...

LUMIÈRE

NERF OPTIQUE

OÙ EST LE CENTRE DE LA VISION?
Place ta main derrière la tête, juste au-dessus du cou. Ta main sera exactement là où est le centre de la vision.

NOTE DE FRISETTE :
Tu ne vois pas qu'avec les yeux.
Il te faut aussi le cerveau!

L'Unique boutique

Nous vous en mettons plein la vue

C'est parfait pour vous!

J'ai hâte que mes élèves voient ça.

Vois-tu des VASES ou des PROFILS? Les deux! Le motif change. Peux-tu voir les deux en même temps?

Choses à faire
1. Acheter des chaussures
2. Acheter une robe

QUELQUEFOIS, LE CERVEAU FAIT DES ERREURS
par Catherine

Joue un tour à ton cerveau avec ces illusions d'optique!

QUELLE ROBE EST LA PLUS GRANDE?

Les deux sont de la même grandeur! Mais à cause du dessin derrière, ton cerveau « pense » que la robe rouge est plus petite. Mesure, et tu verras.

Est-ce un A ou un H?

Lis ceci!

LE CHAT

Ces deux lettres ont exactement la même forme, mais comme tu reconnais le mot, ton cerveau te dit qu'une lettre est un « H » et l'autre, un « A ».

Mme Friselis est dans une boutique et achète une robe avec un imprimé d'illusions d'optique. Nous l'appelons, mais elle ne peut évidemment pas nous entendre. Elle ne sait pas que M. Basile conduit l'autobus. Elle ne sait pas que sa classe est dans un cerveau. Elle ne sait pas que tout est hors de contrôle. Et nous ne pouvons pas lui dire!

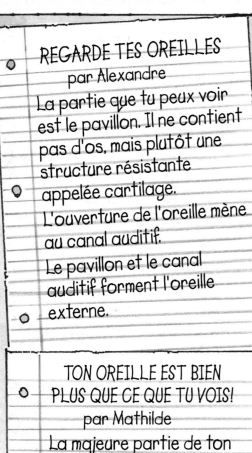

REGARDE TES OREILLES
par Alexandre

La partie que tu peux voir est le pavillon. Il ne contient pas d'os, mais plutôt une structure résistante appelée cartilage.

L'ouverture de l'oreille mène au canal auditif.

Le pavillon et le canal auditif forment l'oreille externe.

TON OREILLE EST BIEN PLUS QUE CE QUE TU VOIS!
par Mathilde

La majeure partie de ton oreille est loin, à l'intérieur de ta tête. Tu ne peux pas la voir.

CANAL AUDITIF

PAVILLON

OREILLE EXTERNE

OREILLE INTERNE

Nous sentons alors un grondement. L'agent de police part sur sa motocyclette! Nous devons rester près de Frisette. Nous montons à bord de l'autobus et M. Basile rebrousse chemin en suivant les nerfs qui mènent aux yeux. Notre autobus vacille au bord de la paupière et nous filons à travers les cils. Lorsque nous regardons à l'extérieur, nous voyons une OREILLE!

Nous atterrissons dans l'oreille d'un petit garçon, qui regarde la vitrine d'un magasin de jouets. L'autobus pénètre directement dans son canal auditif. *Zoum!* Nous glissons jusqu'au fond.

Nous voici!

Ce n'est pas tombé dans l'oreille d'un sourd!

On s'en va, Richard.

J'arrive, maman.

JOUETS

La [b]outique

PEUX-TU FAIRE BOUGER TES OREILLES?
par Carlos

Certaines personnes peuvent faire bouger le pavillon de leurs oreilles. La plupart des animaux le font. Ceux qui ont de grands pavillons s'en servent comme récepteurs, pour faire entrer les sons dans l'oreille.

LIVRES POUR:
Le jeu
Le dodo
Le bain
Les repas

QUE SONT LES ONDES SONORES?
par Thomas

Lorsque quelque chose bouge rapidement d'en avant en arrière, l'air tout autour bouge aussi. Ces mouvements sont des ondes sonores, ou vibrations.

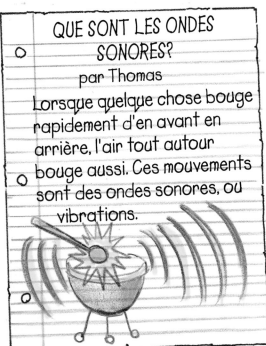

LORSQU'UNE CLOCHE SONNE
par Lise-Anne

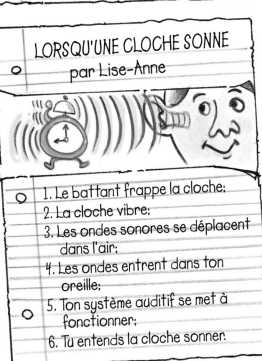

1. Le battant frappe la cloche;
2. La cloche vibre;
3. Les ondes sonores se déplacent dans l'air;
4. Les ondes entrent dans ton oreille;
5. Ton système auditif se met à fonctionner;
6. Tu entends la cloche sonner.

Au bout du canal auditif, nous heurtons une fine membrane élastique, le tympan. Nous sortons en trombe de l'autobus, au moment même où des ondes sonores pénètrent dans l'oreille. Elles font vibrer le tympan. Nous vibrons, nous aussi, et nous passons à travers le tympan, pour entrer dans l'oreille moyenne, notre autobus nous suit.

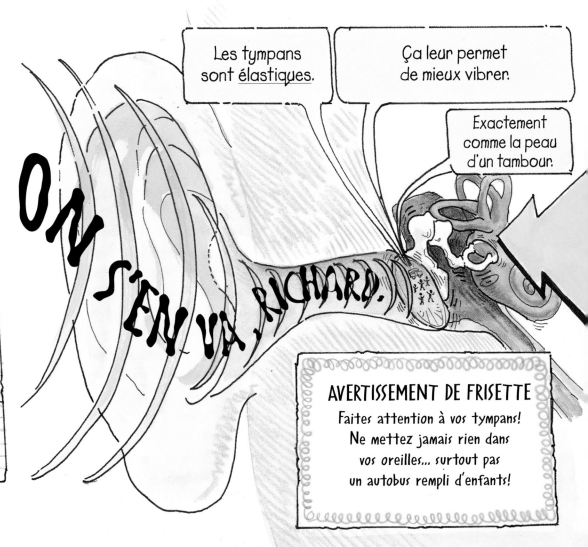

Les tympans sont élastiques.

Ça leur permet de mieux vibrer.

Exactement comme la peau d'un tambour.

ON S'EN VA, RICHARD.

AVERTISSEMENT DE FRISETTE
Faites attention à vos tympans! Ne mettez jamais rien dans vos oreilles... surtout pas un autobus rempli d'enfants!

Dans l'oreille moyenne, il n'y a que de l'air et trois osselets. Ces os minuscules transmettent les vibrations sonores.
Les ondes sonores passent d'un osselet à l'autre. Nous aussi, et l'autobus nous suit.

DES OS AUX NOMS AMUSANTS
par Véronique
Les trois osselets sont :

l'enclume

le marteau

l'étrier

Leurs noms viennent de leur ressemblance avec l'objet.

J'escalade des os géants!

Ces osselets nous semblent gros, mais...

Ce sont en fait les plus petits os du corps humain.

Et nous sommes les plus petits corps humains parmi ces os.

MARTEAU

TYMPAN

ENCLUME

ÉTRIER

DIMENSION RÉELLE
L'étrier, le plus petit des osselets, est plus petit qu'un grain de riz.

23

Puis nous arrivons près d'une autre membrane élastique, la fenêtre ovale. Le dernier osselet, l'étrier, est appuyé sur cette membrane. Hélène-Marie lit les notes de Mme Friselis. « La fenêtre ovale sépare l'oreille moyenne de l'oreille interne. »
— On y va! crie Catherine.
Et nous poursuivons notre chemin.
Nous entrons dans l'oreille interne, de gré ou de force!

Jusqu'ici, toutes les parties de l'oreille n'ont qu'un rôle : transmettre les vibrations. Dans l'oreille interne, nous apercevons la partie qui reçoit les vibrations, la « cochlée ». Nous nageons dans le liquide à l'intérieur de la cochlée et nous voyons des cellules qui ressemblent à de petits poils. Dans ses notes, Mme Friselis explique que ce sont des capteurs sonores qui traduisent les vibrations sonores en signaux nerveux. Dès que nous remontons dans l'autobus, M. Basile suit les signaux nerveux le long du nerf auditif.

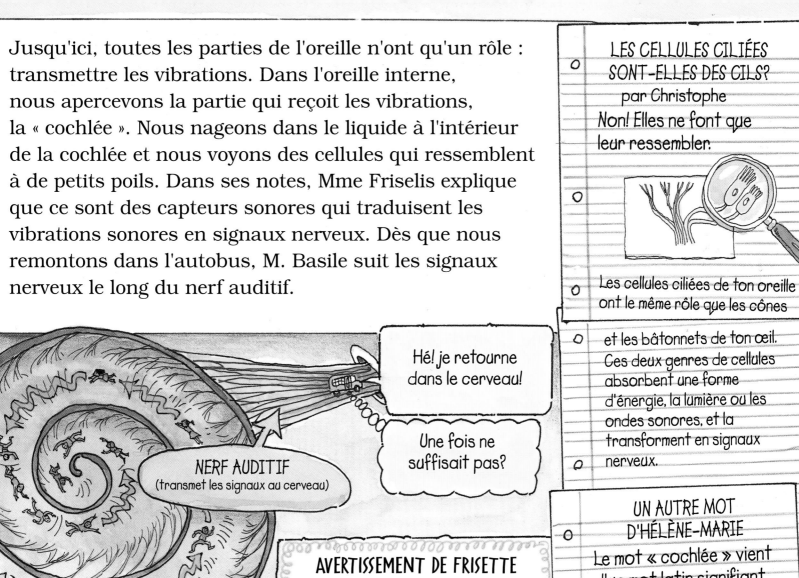

LES CELLULES CILIÉES SONT-ELLES DES CILS?
par Christophe

Non! Elles ne font que leur ressembler.

Les cellules ciliées de ton oreille ont le même rôle que les cônes et les bâtonnets de ton œil. Ces deux genres de cellules absorbent une forme d'énergie, la lumière ou les ondes sonores, et la transforment en signaux nerveux.

Hé! je retourne dans le cerveau!

Une fois ne suffisait pas?

NERF AUDITIF
(transmet les signaux au cerveau)

OREILLE INTERNE

AVERTISSEMENT DE FRISETTE
Les sons très forts peuvent endommager les cellules ciliées de ton oreille interne.

Comme la musique forte!

Baisse le son!

UN AUTRE MOT D'HÉLÈNE-MARIE
Le mot « cochlée » vient d'un mot latin signifiant escargot. La cochlée de ton oreille ressemble à une coquille d'escargot.

COCHLÉE

ESCARGOT

H.-M. DÉGUISÉE EN ESCARGOT

Cette fois-ci, nous arrivons dans une autre partie du cortex : le centre de l'audition de l'oreille dans laquelle nous sommes. Dès que nous y parvenons, nous pouvons entendre ce que le petit garçon entend. C'est Mme Friselis qui lit sa liste de choses à faire. Elle est tout près! Enfin, un peu d'espoir... Frisette pourra peut-être nous sauver!

3. Pizza avec M.

Qui c'est, M.?

Elle a peut-être rendez-vous avec quelqu'un qui s'appelle Marie ou Mathieu...

Ou, elle veut peut-être du mozzarella sur sa pizza.

CENTRE DE L'AUDITION

CENTRE DE LA VISION

Ça peut-être n'importe quoi.

Non, n'importe quoi commence par N.

OÙ SONT SITUÉS TES CENTRES DE L'AUDITION?
par Carmen

Mets les deux mains sur ta tête, juste au-dessus de tes oreilles.

Tes mains sont exactement par-dessus les centres de l'audition du cortex de ton cerveau.

NOTE DE FRISETTE
Tu ne peux pas entendre qu'avec tes oreilles. Il te faut aussi le cerveau!

Nous entendons des talons claquer sur le trottoir. Oui! Ce sont les chaussures de Frisette, qui s'éloigne. Il faut la suivre, alors nous remontons dans l'autobus. Nous passons au-dessus du cerveau, puis dans le nerf auditif et dans l'oreille pour arriver à l'extérieur du canal auditif. Et nous commençons à tomber!

Youpi! je fais du parachutisme!

Sauf, que ça prendrait un <u>parachute</u>!

Mme Friselis, attendez-nous!

Au secours!

Je pense qu'elle ne nous entend pas.

DE DRÔLES DE TYMPANS
par Florence
Les tympans des grillons sont sur leurs pattes.

Les moustiques entendent avec leurs antennes.

Les serpents n'ont pas d'oreilles. Ils perçoivent les sons par leurs os.

Je suis affamée!

Cette fois-ci, nous n'atterrissons pas dans une oreille, mais nous fonçons vers le trottoir. Et juste avant l'écrasement, quelque chose d'étrange se produit. Un chien qui renifle un peu partout, nous aspire par son museau.

Quand est-ce qu'on arrive?

Trop vite!
On va s'écraser!

Bientôt!

Maintenant!

Roumpf

Le dernier livre de Joanna Cole :

« TOUS MES CHIENS »

Vous rirez!
Vous pleurerez!
Vous donnerez
la patte!

Hugo   Suzie   Toutou   Muffin

Des exemplaires autographiés
par les chiens sont disponibles!
Une dédicace de l'auteure aussi, si vous y tenez.

LA VISION
par G. Lalumière

VÉRIFIEZ VOTRE AUDITION
par Claire Lavoie

Ma mouffette et moi
par G. Duné

La peau sensible
par H. Gratton

Sujets
savoureux
par le chef Lanoix

« Quoi? une nouvelle
série?
La Tribune
« Enfantin! »
La Nouvelle

B. Degen présente
ses œuvres

Vie artistique

Librairie
sensationnelle

Plus de 5 succursales

Au début, nous sommes heureux d'être enfin saufs.
Mais nous nous rendons vite compte que nous
sommes dans le museau d'un chien!

C'est un cauchemar!

C'est gluant, aussi.

Nous ne trouverons jamais Mme Friselis!

LES CHIENS ONT UN SUPER FLAIR
par Jérôme

Les chiens peuvent sentir des odeurs très faibles, ou très lointaines.
Le saint-hubert peut distinguer une personne d'une autre, simplement par l'odeur qui se dégage de leurs chaussures.

... et il est temps de changer vos chaussettes!

Mes élèves ont le nez fin quand il s'agit de partir à l'aventure.

Pas moi!

CONSEIL DE FRISETTE

Il ne faut jamais dire jamais!

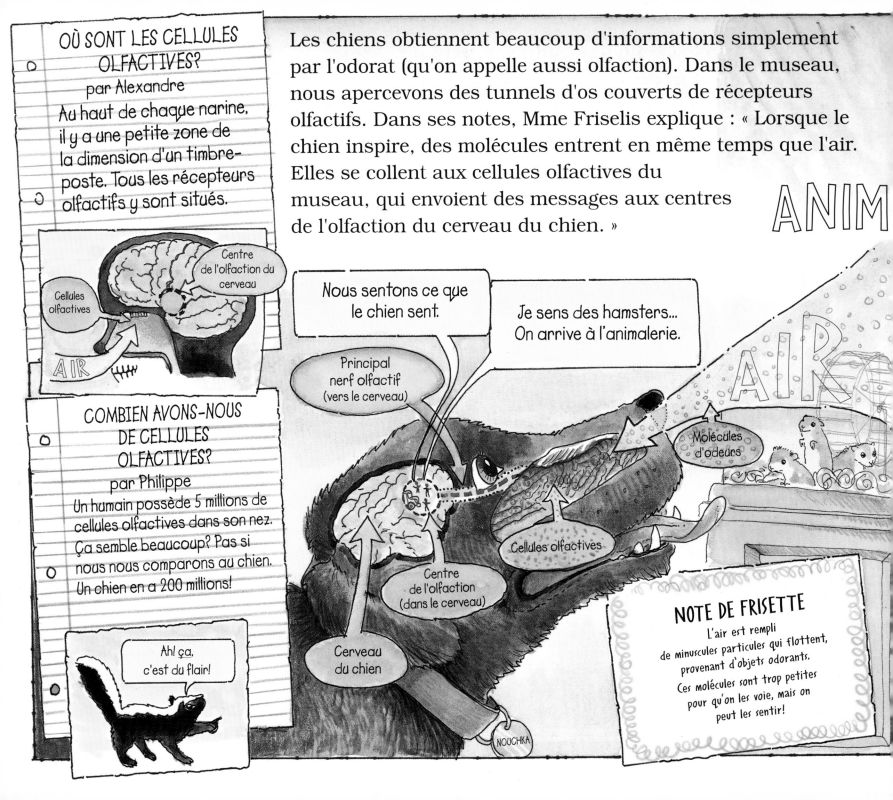

OÙ SONT LES CELLULES OLFACTIVES?

par Alexandre

Au haut de chaque narine, il y a une petite zone de la dimension d'un timbre-poste. Tous les récepteurs olfactifs y sont situés.

Centre de l'olfaction du cerveau

Cellules olfactives

AIR

COMBIEN AVONS-NOUS DE CELLULES OLFACTIVES?

par Philippe

Un humain possède 5 millions de cellules olfactives dans son nez. Ça semble beaucoup? Pas si nous nous comparons au chien. Un chien en a 200 millions!

Ah! ça, c'est du flair!

Les chiens obtiennent beaucoup d'informations simplement par l'odorat (qu'on appelle aussi olfaction). Dans le museau, nous apercevons des tunnels d'os couverts de récepteurs olfactifs. Dans ses notes, Mme Friselis explique : « Lorsque le chien inspire, des molécules entrent en même temps que l'air. Elles se collent aux cellules olfactives du museau, qui envoient des messages aux centres de l'olfaction du cerveau du chien. »

ANIM

Nous sentons ce que le chien sent.

Je sens des hamsters... On arrive à l'animalerie.

Principal nerf olfactif (vers le cerveau)

AIR

Molécules d'odeurs

Cellules olfactives

Centre de l'olfaction (dans le cerveau)

Cerveau du chien

NOUCHKA

NOTE DE FRISETTE

L'air est rempli de minuscules particules qui flottent, provenant d'objets odorants. Ces molécules sont trop petites pour qu'on les voie, mais on peut les sentir!

M. Basile conduit vers un des centres olfactifs. Là, nous pouvons sentir ce que le chien a senti. C'est facile à deviner; nous sentons l'odeur de la pizzeria.

Je sens des livres... Nous sommes près de la bibliothèque.

Je sens des fleurs... Nous passons devant le fleuriste.

Je sens un caniche.

Moi, je sens ce qu'il a laissé.

J'aime bien ta robe, Valérie.

La tienne n'est pas mal, maman!

Le roi de la PIZZA

Je sens la pizza. C'est la pizzeria!

SNIFF SNIFF!

Essaie ceci :

Sens quelque chose qui sent bon. Ensuite, renifle. Est-ce que la senteur est plus prononcée?

C'est parce qu'il y a plus d'odeur qui monte dans ton nez.

Zone olfactive

INSPIRER   RENIFLER

LA MITE RENIFLEUSE
par Mathilde

Cette mite (papillon de nuit) possède le sens de l'odorat, sans nez. Ses cellules olfactives sont situées sur ses antennes velues.

MITE POLYPHÈME

Un mâle polyphème peut sentir une mite femelle à des kilomètres.

— Sortons d'ici et allons manger une pizza, propose M. Basile. Pour une fois, nous sommes d'accord avec lui. Nous sortons du cerveau, puis entrons dans le nez. À ce moment, le chien éternue et l'autobus sort en catastrophe. Par les fenêtres, nous apercevons Frisette assise à une table. *Plouf!* Nous atterrissons en plein dans son verre d'eau!

Eh! c'est Frisette.

Elle mange de la pizza avec sa mère.

Alors M, c'était pour maman?

Le roi de la PIZZA

Atchoum!

Nous avons déjà eu des professeurs qui ne mâchaient pas leurs mots, mais jamais un professeur qui mâchait ses élèves. Nous devons nous échapper, et vite! M. Basile appuie sur le champignon, et l'autobus bondit hors du fromage pour atterrir sur la langue de Mme Friselis. Elle est couverte de bosses et, entre les bosses, il y a de profondes cavités. Au fond de l'une, nous voyons des molécules d'aliments, entraînées par la salive dans les papilles gustatives. Puis une vague de salive nous entraîne, nous aussi.

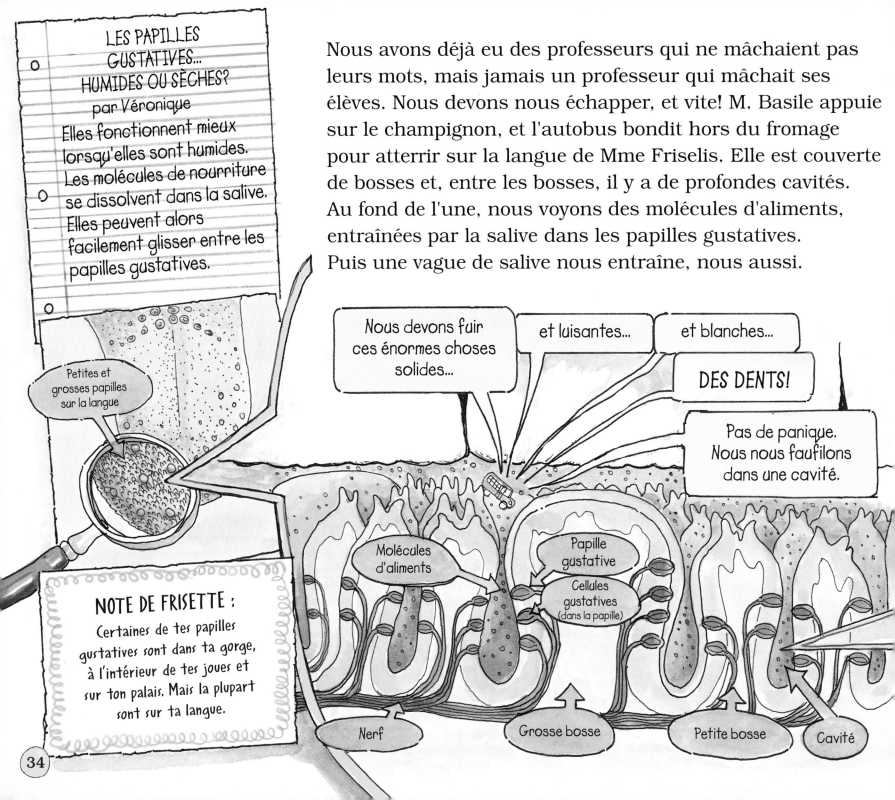

Petites et grosses papilles sur la langue

Nous devons fuir ces énormes choses solides...

et luisantes...

et blanches...

DES DENTS!

Pas de panique. Nous nous faufilons dans une cavité.

Molécules d'aliments

Papille gustative

Cellules gustatives (dans la papille)

NOTE DE FRISETTE :
Certaines de tes papilles gustatives sont dans ta gorge, à l'intérieur de tes joues et sur ton palais. Mais la plupart sont sur ta langue.

Nerf

Grosse bosse

Petite bosse

Cavité

Nous aurions eu le temps de nous cacher dans une cavité bien avant que Frisette ait fini de mâcher. Mais M. Basile trouvait ça ennuyeux : il est devenu un fou du volant. Il fait un virage à gauche pour entrer dans une des papilles gustatives. Les cellules gustatives à l'intérieur de la papille changent les saveurs en messages nerveux.

TON SENS DE L'ODORAT T'AIDE À GOÛTER
par Julien

Lorsque tu mastiques, les molécules d'aliments vont dans l'air contenu dans ta bouche.

Ensuite, l'air remonte à l'arrière de ta gorge, jusqu'à ton nez.

Lorsque tes narines sont bouchées, cet air ne peut pas circuler. C'est pourquoi tu ne goûtes pas aussi bien lorsque tu es enrhumé.

VROUM! VROUM!
Ça va nous donner le goût de l'aventure!

Personnellement, je préfère le goût du chocolat.

Cavité

Récepteur (à l'intérieur de la papille)

Papille gustative

Nerf

Cellules olfactives

Langue

Aliments

Voici les récepteurs que les élèves ont rencontrés jusqu'à présent :

Les bâtonnets et les cônes dans l'œil

Les cellules ciliées dans l'oreille

Les cellules olfactives dans le nez

Les cellules gustatives dans la langue

COMBIEN DE SAVEURS PEUX-TU GOÛTER?

par Raphaël

Notre sens du goût nous permet de détecter seulement quatre saveurs : l'amer, l'aigre, le salé et le sucré. Mais les gens peuvent goûter plus de 10 000 saveurs différentes. Comment est-ce possible?

C'est du chocolat!

Les scientifiques disent que toutes les saveurs que nous goûtons sont des mélanges des quatre saveurs de base, combinées aux nombreuses odeurs différentes des aliments.

NOTE DE FRISETTE :

Tu ne goûtes pas qu'avec ta [bouche] bouche.

Il te faut aussi le cerveau.

En un rien de temps, nous voyageons sur un réseau de nerfs, vers un centre du goût du cerveau de Mme Friselis. Nous sortons de l'autobus et nous nous installons sur son cortex du goût. Là, nous pouvons goûter ce que notre professeure goûte!

Youpi! c'est notre quatrième voyage dans un cerveau.

Mais cette fois-ci, c'est celui de Mme Friselis!

Oh oh! ce sera peut-être l'excursion la plus dangereuse de notre vie!

CENTRE DU GOÛT

ANCHOIS

PIZZA

LANGUE

NERF DU GOÛT

CHEVEUX FRISÉS

Nous pensions que nous aimerions la pizza de Mme Friselis. Mais les *anchois* ne sont pas notre garniture préférée... Nous fuyons à toutes jambes le centre du goût du cerveau. Heureusement, M. Basile nous suit en autobus.

Beurk! cette pizza n'a pas bon goût!

Elle n'a jamais entendu parler du pepperoni?

Tais-toi et cours!

Attendez-moi!

ANCHOIS

Sensations du goût

LES POISSONS-CHATS SONT LES CHAMPIONS
par Catherine

Le poisson-chat est l'animal qui possède le plus de papilles gustatives : il en a 175 000. C'est environ 50 fois plus que chez un humain moyen.

La plupart de ses papilles gustatives sont situées à l'extérieur du corps du poisson-chat. Il peut donc goûter les aliments avant de les manger.

Je peux goûter avec mon dos, mes flancs et ma tête.

LES POULETS ARRIVENT BONS DERNIERS
par Christophe

Les poulets peuvent goûter, mais pas très bien. Ils n'ont que 24 papilles gustatives.

Vingt-quatre, ça me suffit.

Après tout ce n'est que de la nourriture pour poulets.

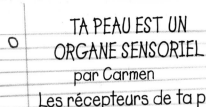

TA PEAU EST UN ORGANE SENSORIEL
par Carmen

Les récepteurs de ta peau envoient des messages au centre du toucher de ton cerveau.

Ta peau sent par le toucher, mais elle ressent aussi la température, les démangeaisons, la pression et la douleur.

LE CENTRE DU TOUCHER DU CORTEX
par Thomas

Chaque partie de ton corps a sa propre section dans le centre du toucher du cerveau.

Nous arrivons dans la partie du cerveau qui reçoit les messages du toucher envoyés par la main. Lorsque nous nous y installons, nous pouvons sentir ce que Mme Friselis sent. Lorsqu'elle touche à quelque chose de froid ou de chaud, de dur ou de doux, nous le sentons aussi!

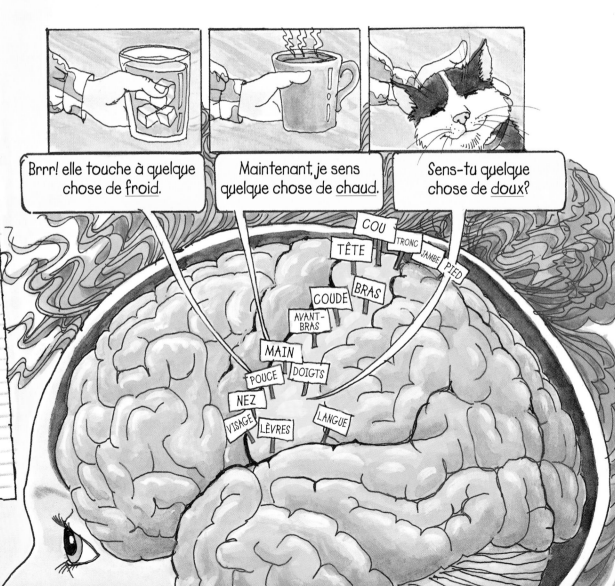

Brrr! elle touche à quelque chose de <u>froid</u>.

Maintenant, je sens quelque chose de <u>chaud</u>.

Sens-tu quelque chose de <u>doux</u>?

COU · TRONC · TÊTE · JAMBE · PIED · BRAS · COUDE · AVANT-BRAS · MAIN · DOIGTS · POUCE · NEZ · VISAGE · LÈVRES · LANGUE

— Allons voir où mène ce nerf, dit M. Basile.

De retour dans l'autobus, nous filons le long des nerfs, qui mènent hors du cerveau de Mme Friselis. Aux extrémités des nerfs, nous retrouvons les récepteurs de sa peau.

Nous voyageons sous la peau de Mme Friselis.

Ça prend du nerf pour aller là.

Oh oh! je n'avais pas vu ce gland!

REMARQUE :

Ces moustaches ne sont pas des organes tactiles.

Regardez tous les récepteurs qu'il y a ici.

Pore

Récepteur de vibration

Récepteur de chaleur, de démangeaisons et de douleur

Récepteur de changement de forme et de froid extrême

Agrandissement d'une section de la peau

Récepteur de toucher léger

Glande sudoripare

Récepteur d'un follicule pileux

Récepteur de pression aiguë

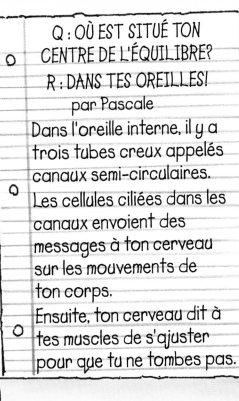

— Par ici la sortie! dit M. Basile en conduisant l'autobus à travers un pore de la peau.

Tout au bout, nous voyons Frisette caresser la douce fourrure du chat de sa mère. M. Basile conduit si vite que l'autobus sort de la main de Mme Friselis et atterrit dans l'oreille interne du chat.

Pas encore une oreille!

Quelle catastrophe!

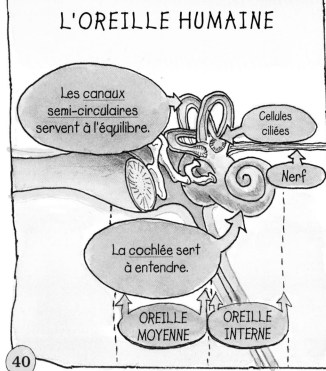

L'OREILLE HUMAINE

Les canaux semi-circulaires servent à l'équilibre.

Cellules ciliées

Nerf

La cochlée sert à entendre.

OREILLE MOYENNE

OREILLE INTERNE

Les oreilles ne servent pas juste à entendre.

Elles conservent ton équilibre.

RATAPLAN

RATAPLAN

LOU

Nous passons dans la cochlée en forme d'escargot, qui sert à entendre. Puis nous arrivons dans des tubes creux, qui servent à l'équilibre. Lorsque nous sentons le chat sauter, nous avons l'impression que la fin du monde est arrivée. Ensuite, nous entendons le ronronnement d'un moteur.

— Attachez vos ceintures, crie Mme Friselis.

Et nous partons.

> Prête pour une balade?

> Bonne idée. Lou adore aller en voiture.

À mon ancienne école, on n'allait pas en auto <u>pendant</u> qu'on était dans l'autobus.

Canaux semi-circulaires

Cochlée

OREILLE INTERNE DU CHAT

UN MOT D'HÉLÈNE-MARIE
Semi-circulaire signifie « en forme de demi-cercle ».

LES CHATS : DE BONS ÉQUILIBRISTES
par Thomas

Pourquoi les chats retombent-ils sur leurs pattes?
Leur excellent sens de l'équilibre les aide à se retourner.

Le chat tombe : son sens de l'équilibre lui dit de se retourner.

Il tourne la tête.

Son dos pivote et ses pattes arrière reviennent vers le bas.

Le chat atterrit sur ses pattes.

DES SENS SENSATIONNELS
par Lise-Anne

La vision des <u>oiseaux de proie</u> est supérieure à celle du reste du règne animal.

Un aigle peut voir huit fois mieux qu'un humain.

La plupart des <u>serpents</u> ont des organes sensoriels qui détectent la chaleur. Ainsi, ils peuvent attraper des proies à sang chaud.

Les détecteurs de chaleur sont de petites fosses faciales.

Les <u>poissons</u> ont des cellules sensorielles alignées sur les côtés de leur corps. Elles détectent les mouvements dans l'eau.

Système linéaire latéral

Le poisson peut échapper à ses prédateurs.

Lorsque Frisette fait un virage brusque, nous sommes projetés hors de l'oreille. Nous atterrissons sur la rue, derrière la voiture de Mme Friselis. L'autobus retrouve sa dimension normale et M. Basile appuie sur le klaxon. Mme Friselis se retourne.

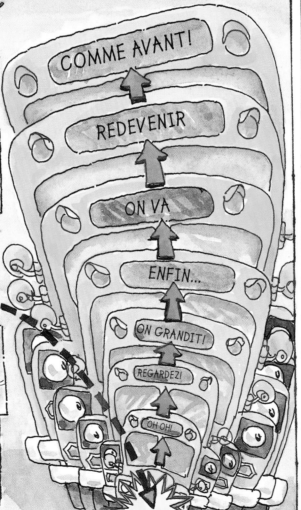

C'est M. Basile et mes élèves. Quelle coïncidence!

J'ai hâte de les rencontrer.

Nous lui expliquons que la rencontre a lieu ce soir, puis nous retournons tout de suite à l'école.

D'AUTRES SENS SENSATIONNELS
par Jérôme

Les mammifères actifs la nuit ont, au fond de l'œil, une couche réfléchissante. Elle réfléchit la lumière dans l'œil, donnant plus de lumière aux cônes et aux bâtonnets.

Les oiseaux peuvent détecter le champ magnétique de la Terre.

TERRE

Champ magnétique

Cela les aide à trouver leur chemin lorsqu'ils migrent.

Nous arrivons juste à temps pour chanter notre chanson et manger une bouchée. Et, à notre grande surprise, Mme Friselis reçoit un prix. Si quelqu'un mérite un prix, c'est bien Frisette. Elle est l'enseignante la plus sensationnelle de l'école!

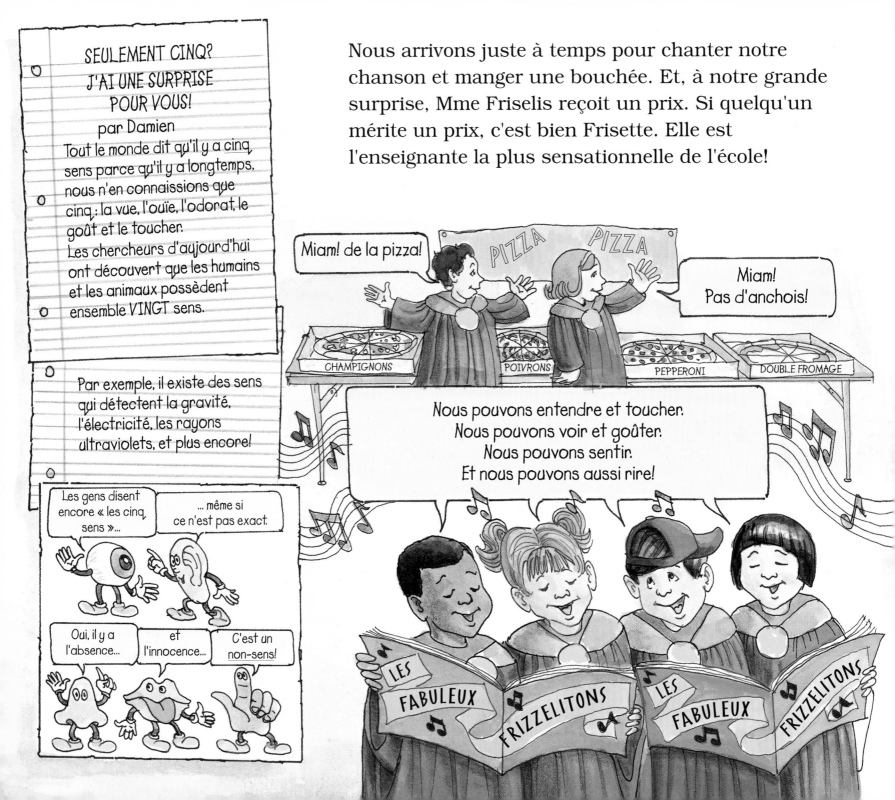

Miam! de la pizza!

PIZZA PIZZA

Miam! Pas d'anchois!

CHAMPIGNONS

POIVRONS

PEPPERONI

DOUBLE FROMAGE

Nous pouvons entendre et toucher.
Nous pouvons voir et goûter.
Nous pouvons sentir.
Et nous pouvons aussi rire!

LES FABULEUX FRIZZELITONS